A, kikoeta yo
Author: *Tsutsumi, Em*

あ、きこえたよ

文：堤 江実
絵：堤 大介

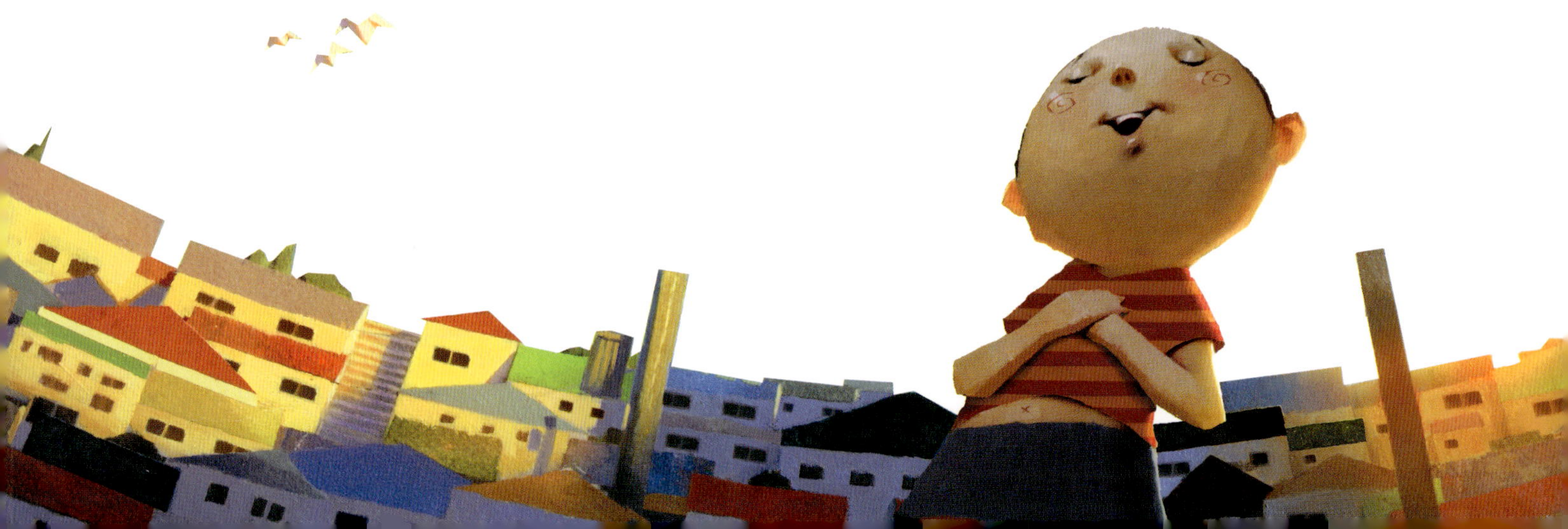

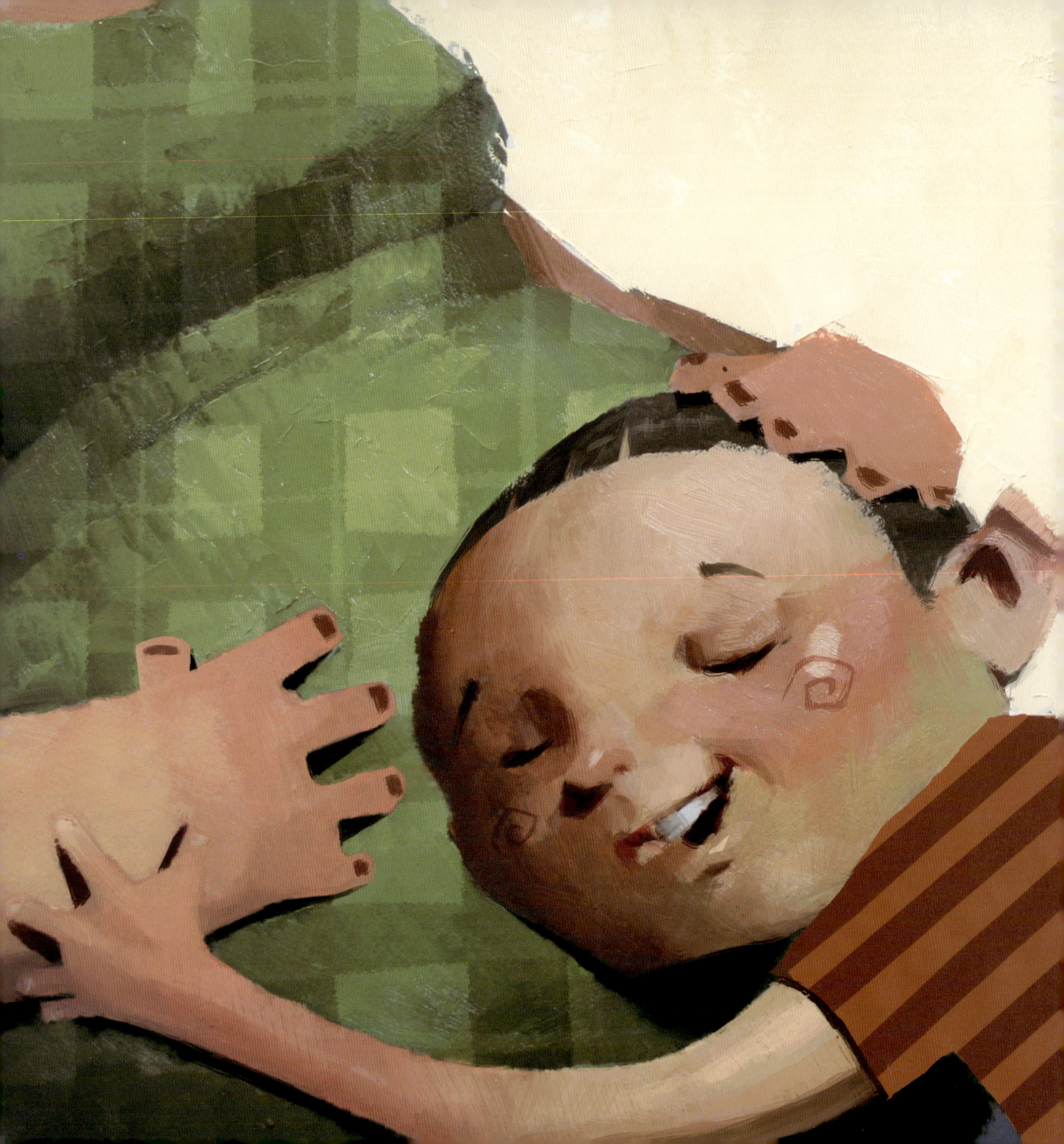

めを　とじて

みみを　すまして

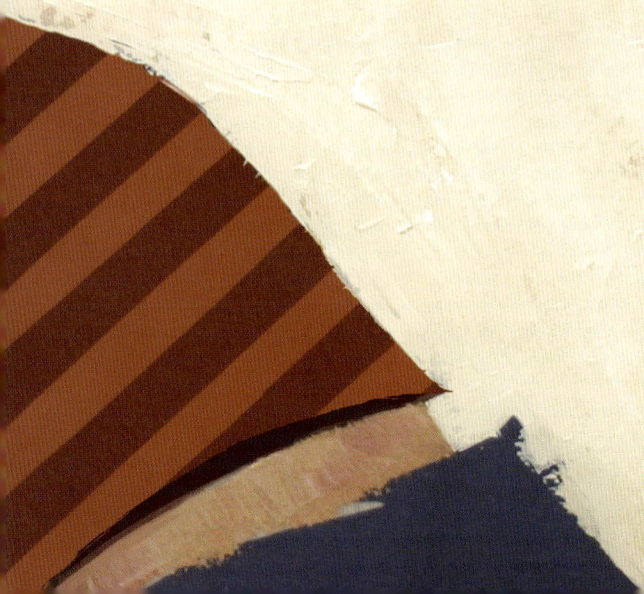

しずかに　しずかに

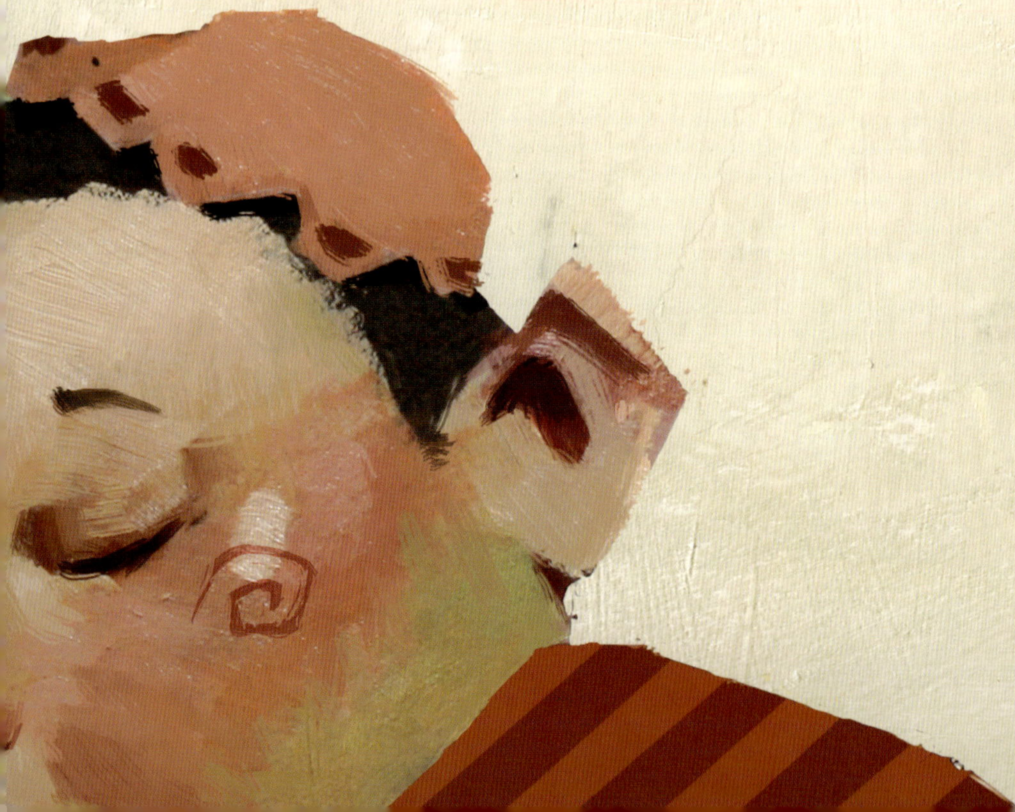

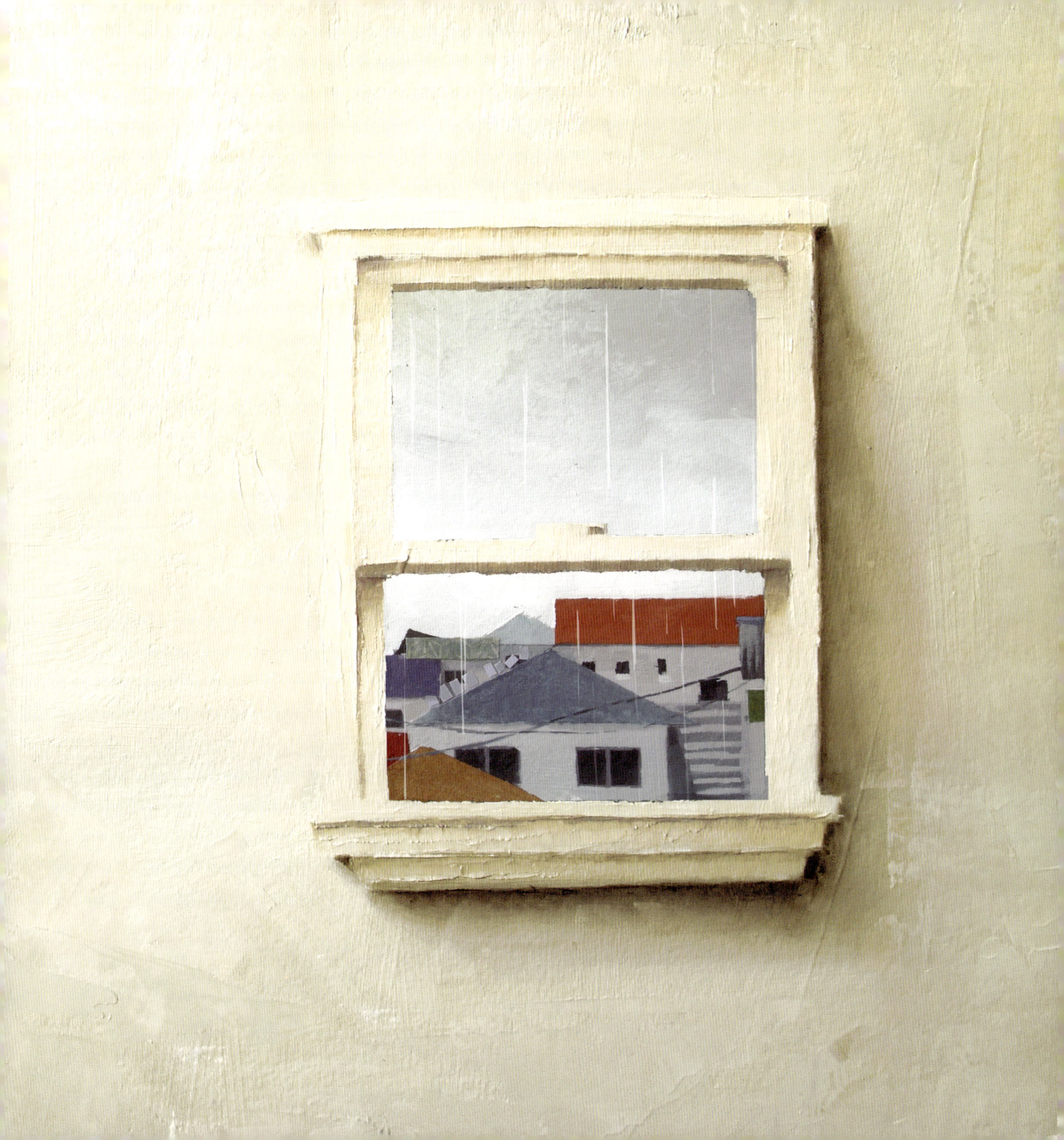

ほら

きこえる　きこえる

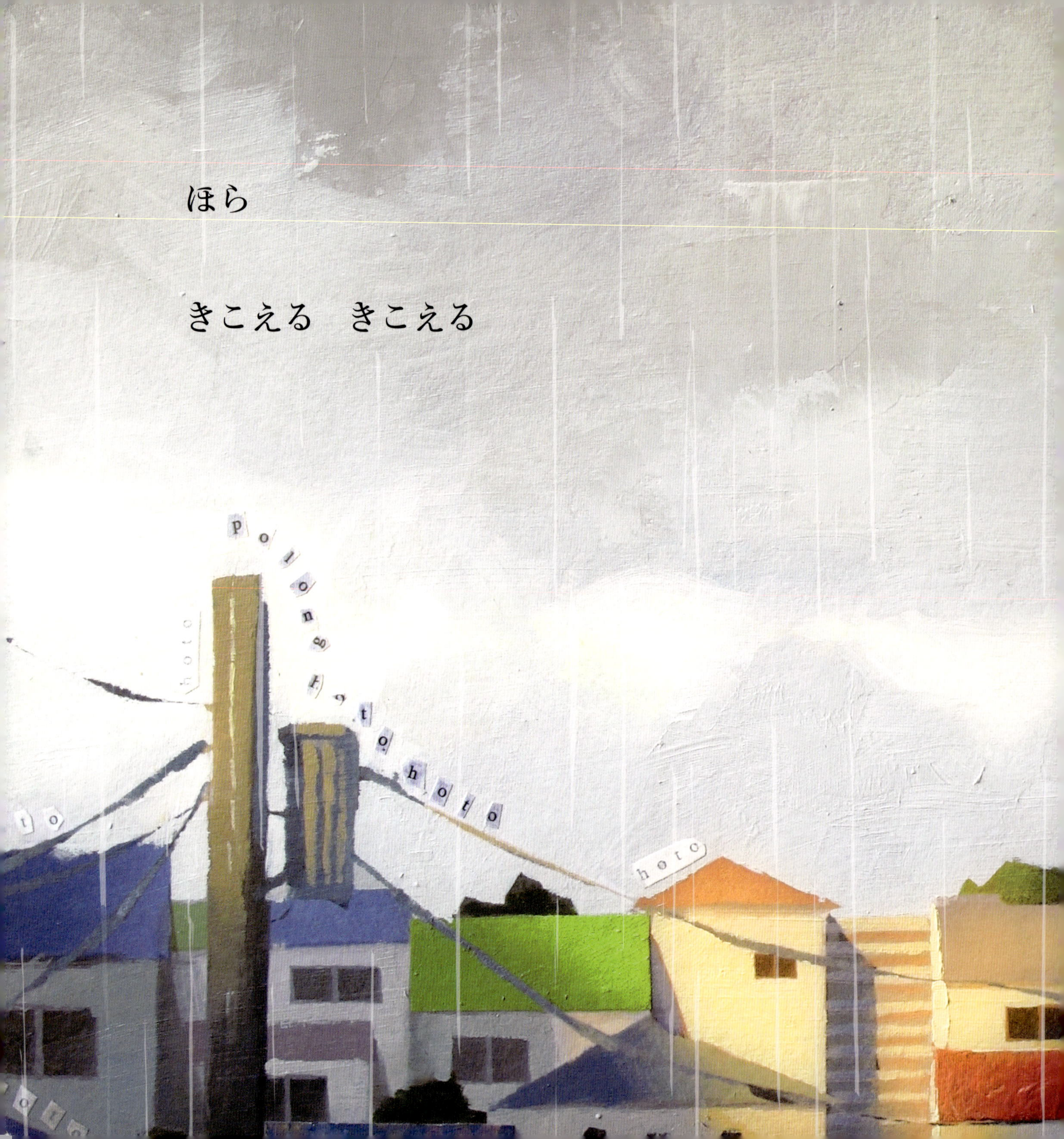

あめの　しずくが
おやねに　おちて

ぽろん
ぽろろん

ほと　ほと　ほと

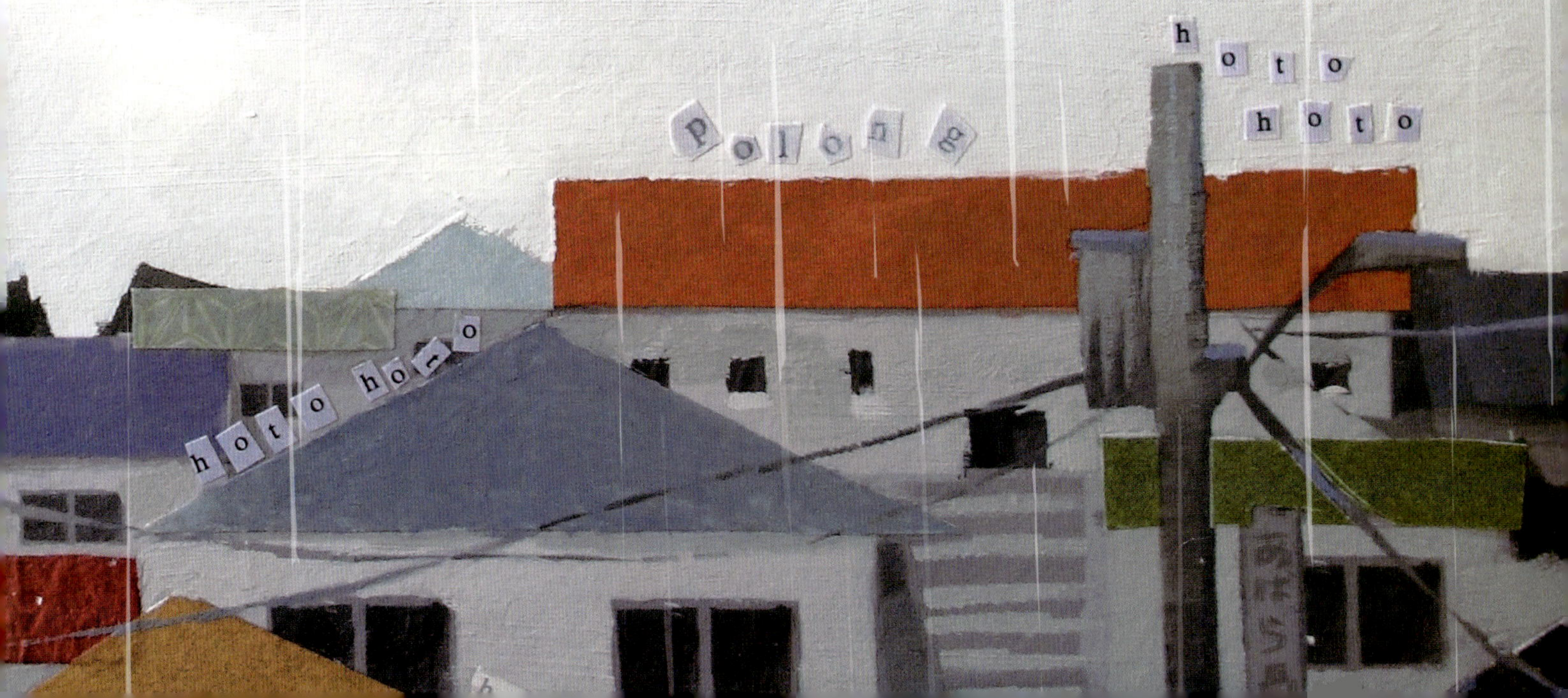

きこえる　きこえる

おはなの　つぼみが
ゆっくり　ゆっくり

はなびら　ひらいて

ぽっ！

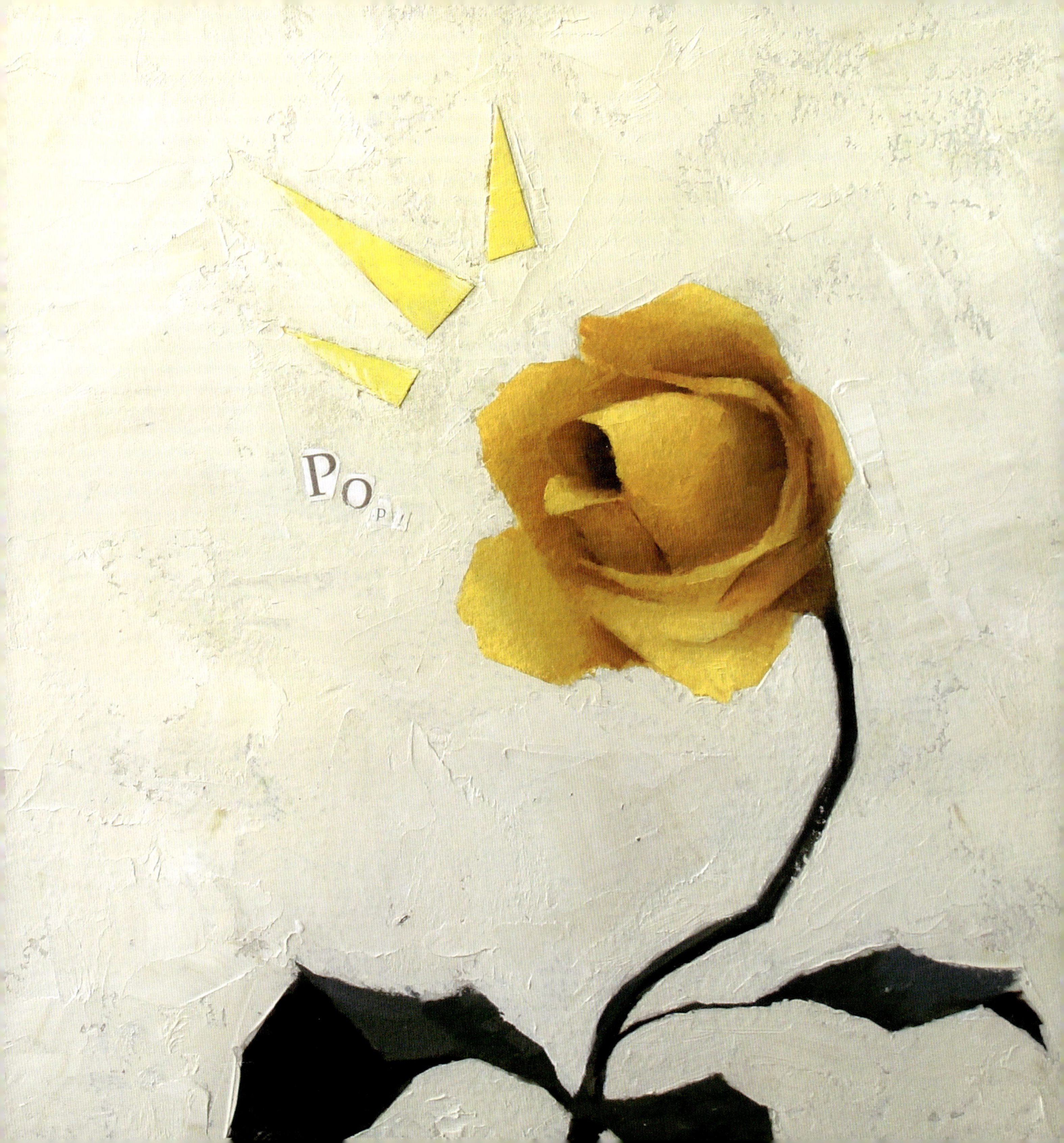
POp!

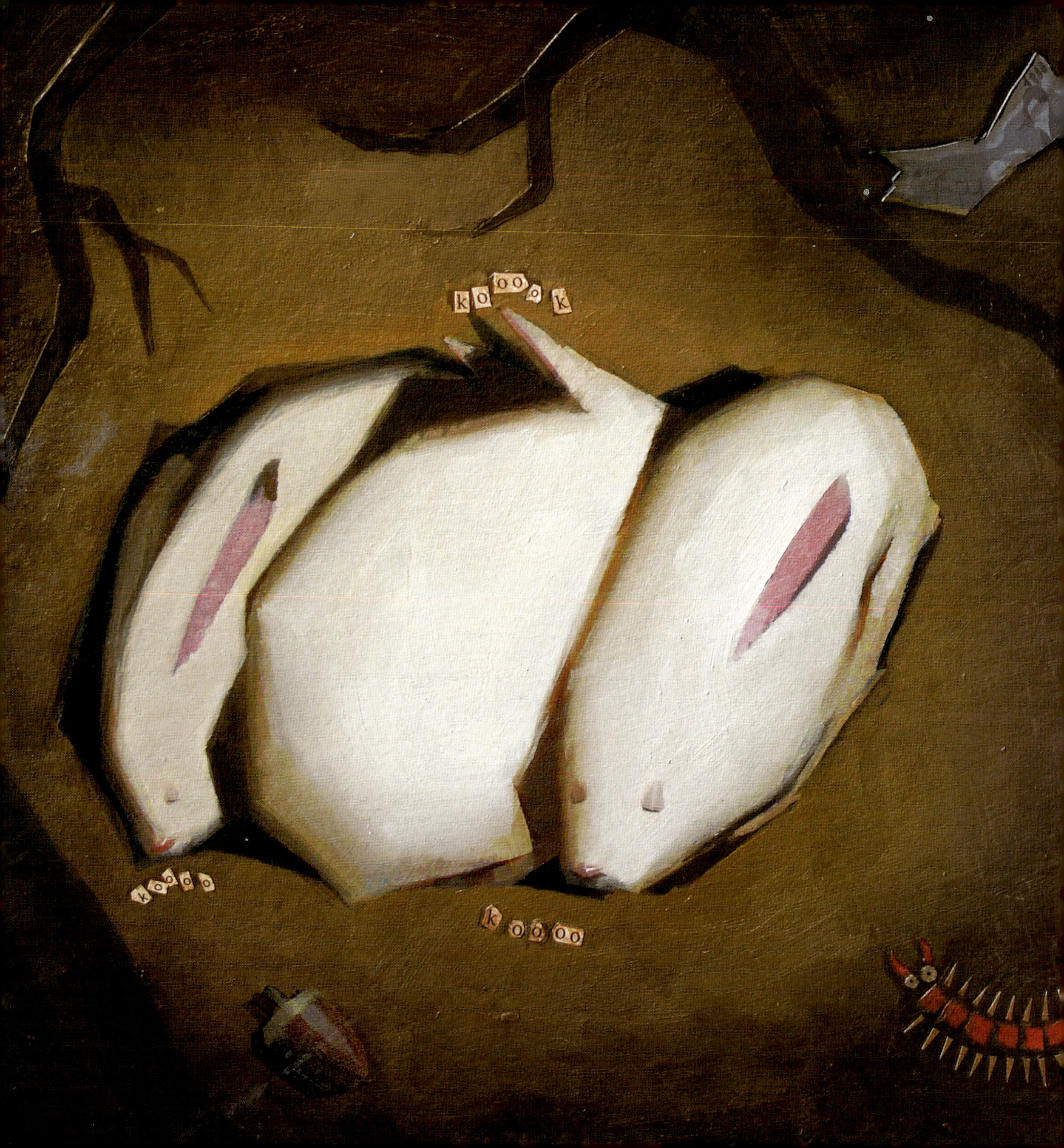
kooook
koooo
koooo

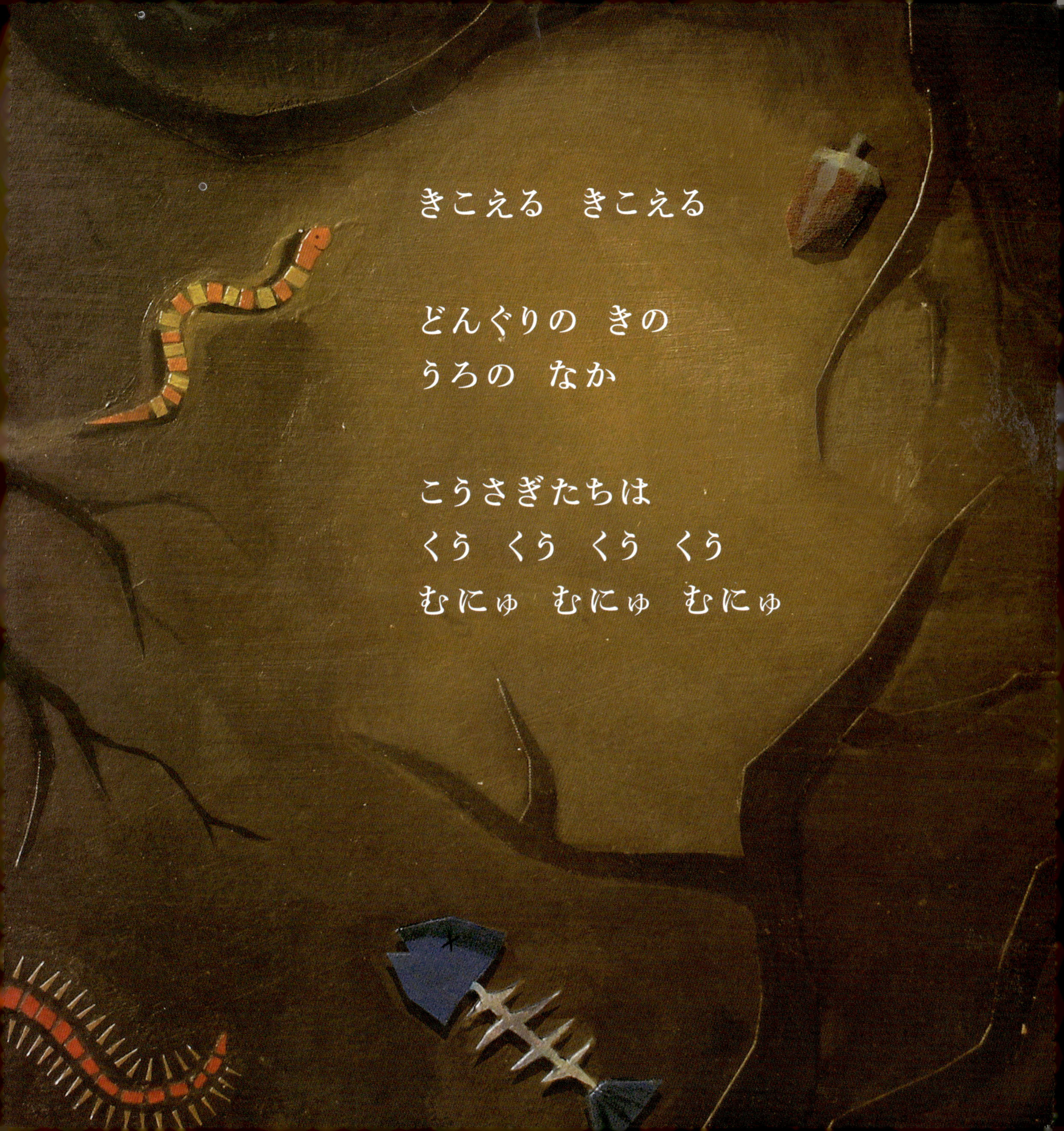

きこえる　きこえる

どんぐりの　きの
うろの　なか

こうさぎたちは
くう　くう　くう　くう
むにゅ　むにゅ　むにゅ

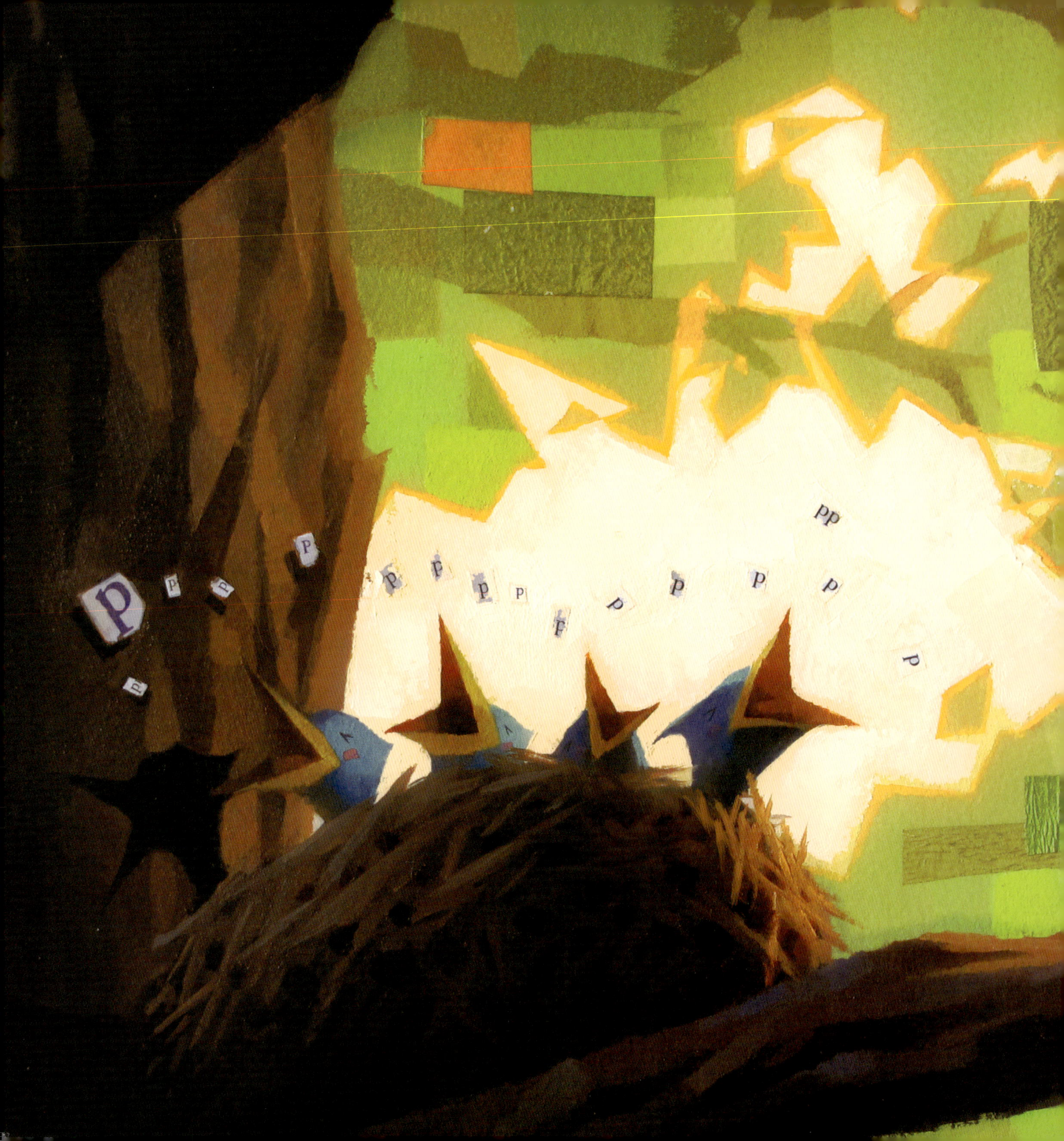
p p p p p
p p p p p p p p p pp p

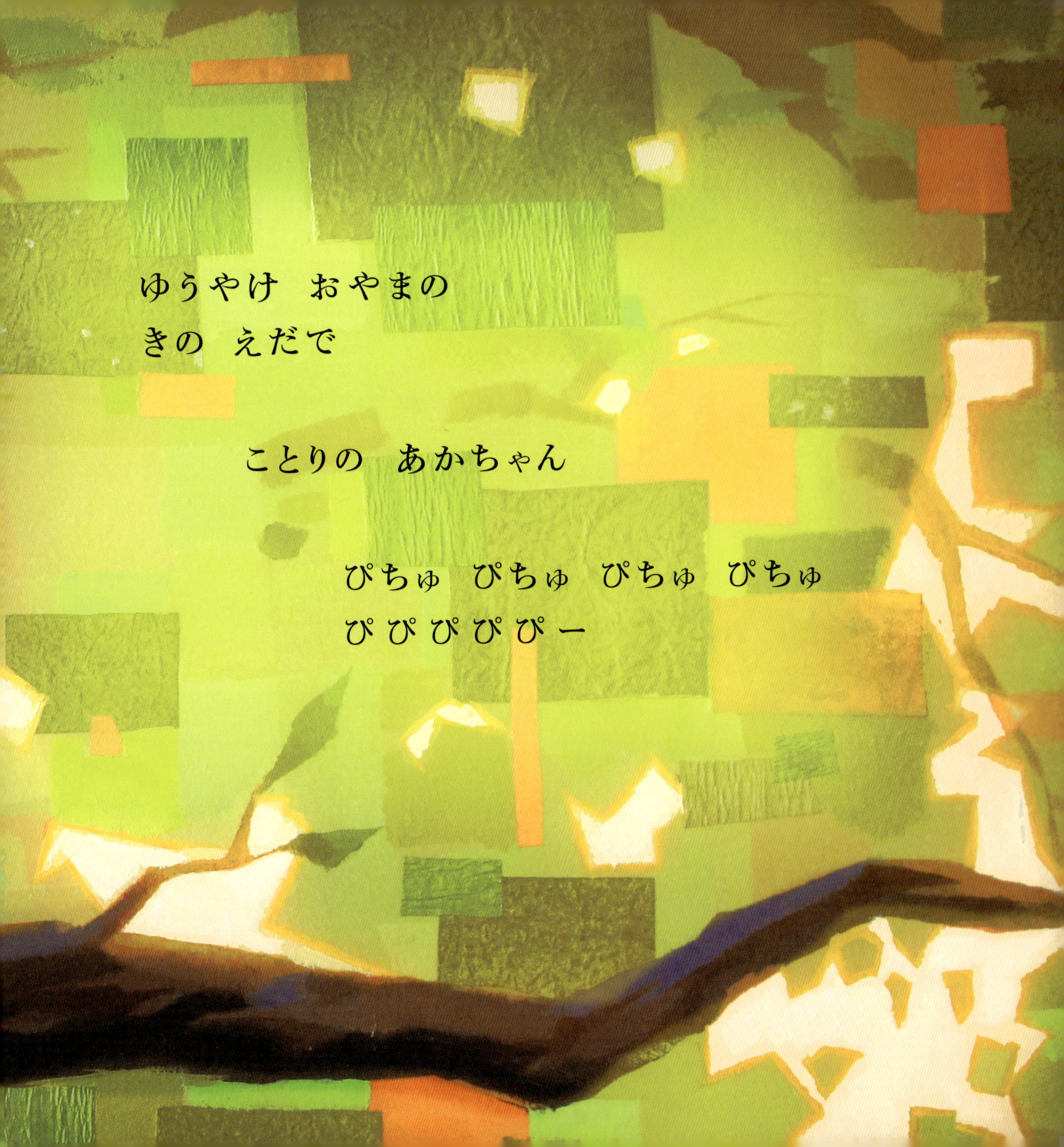

ゆうやけ　おやまの
きの　えだで

ことりの　あかちゃん

ぴちゅ　ぴちゅ　ぴちゅ　ぴちゅ
ぴぴぴぴぴー

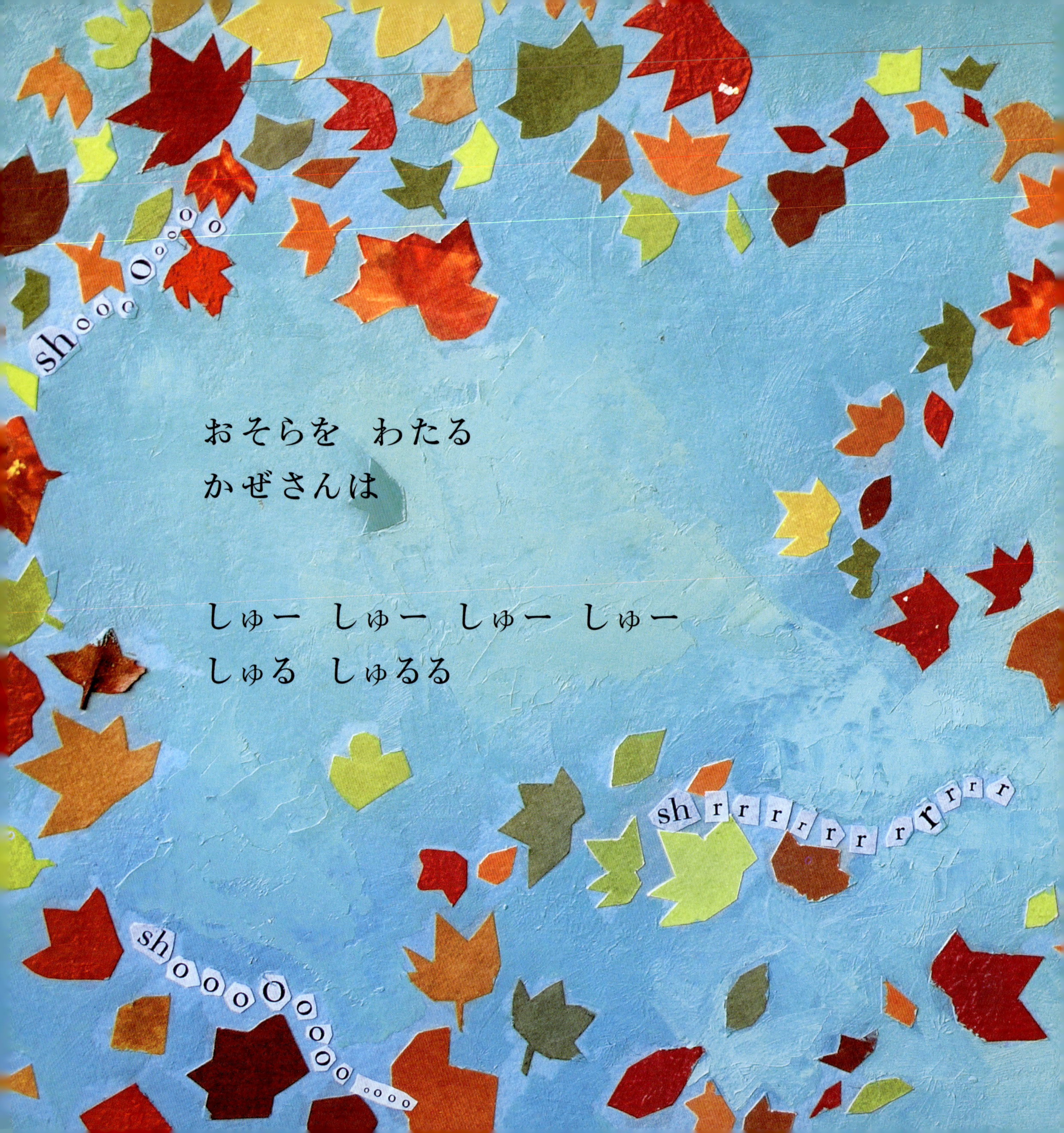

おそらを　わたる
かぜさんは

しゅー　しゅー　しゅー　しゅー
しゅる　しゅるる

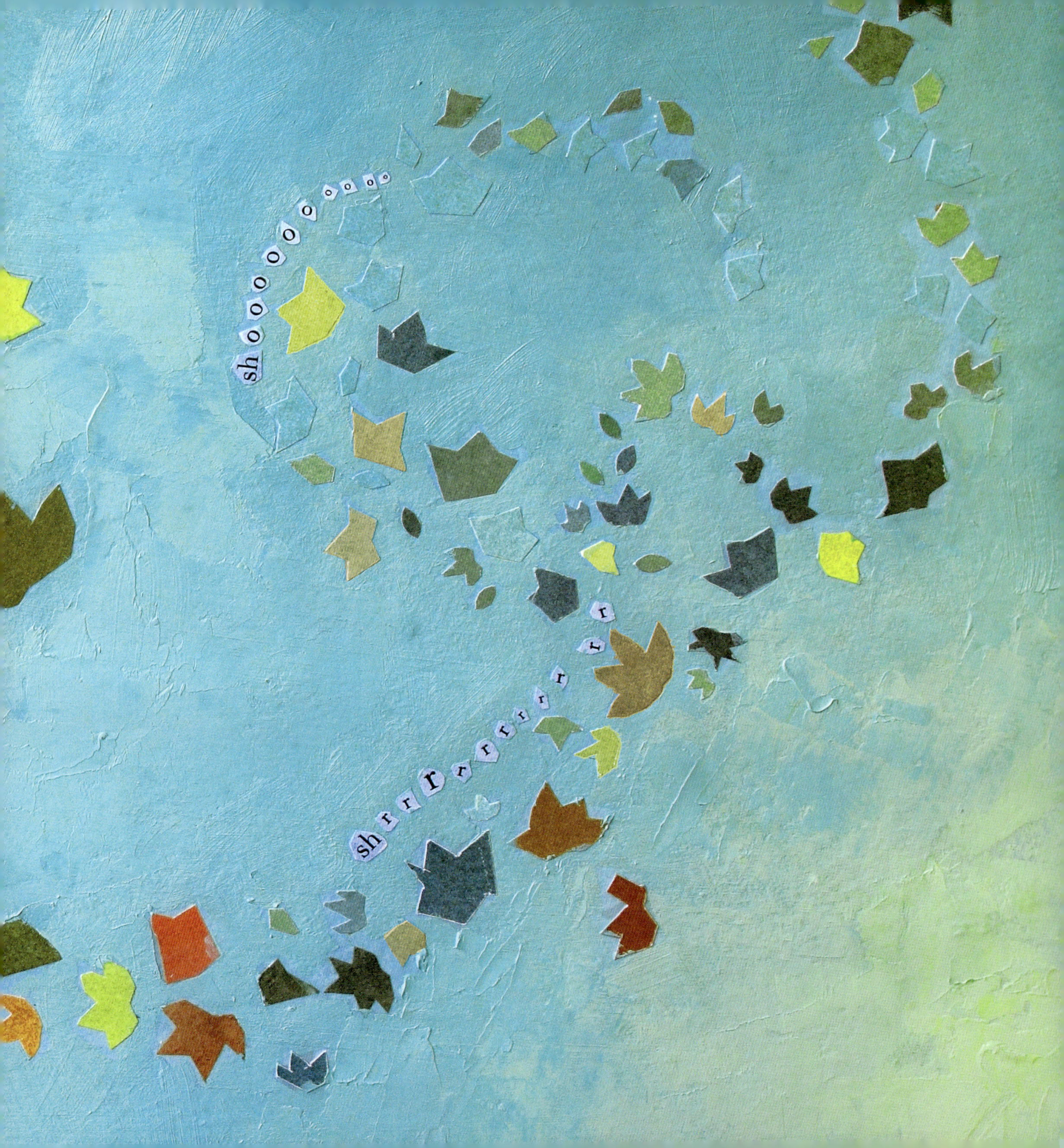
shoooooooooo
shrrrrrrrrrrr

あれ れ れ れ

つもったばかりの　ゆきの　うえ
だれかさんの　あしあとだ

そーっと
そーっと

みしみし　みしみし
しゃぽっ　しゅぽっ

mish

mish

shapot

mish

shpot

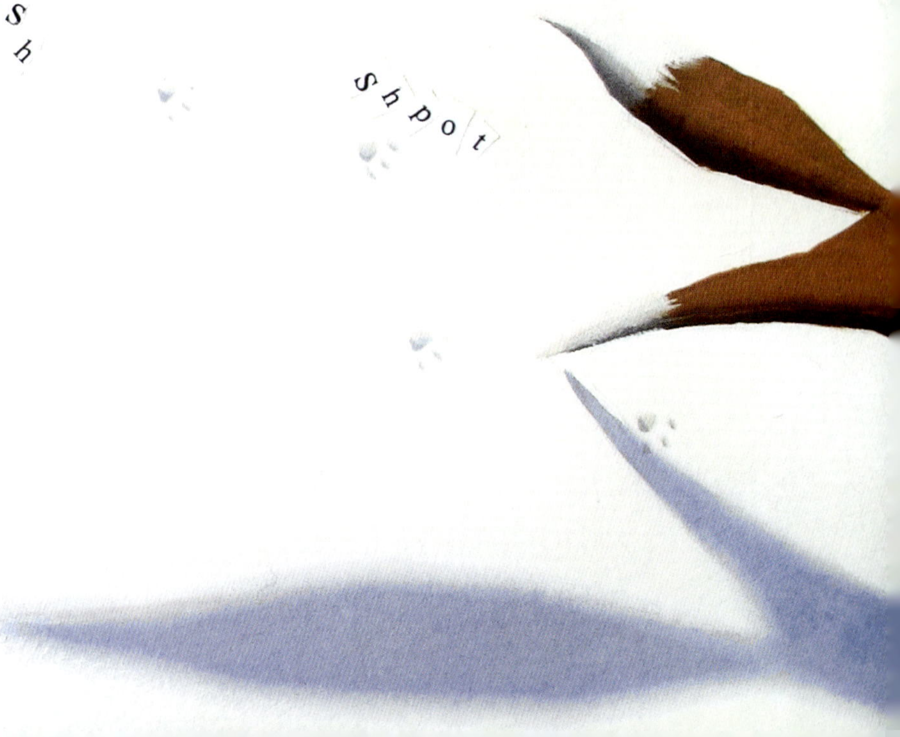

みなみの　しまの
はまべでは

なみさん
かにさん
おいかけっこ

しゃら　しゃら　しゃらら
とととと　と……

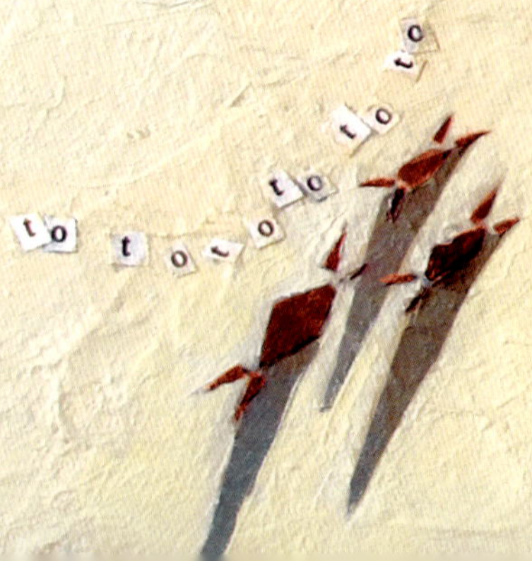

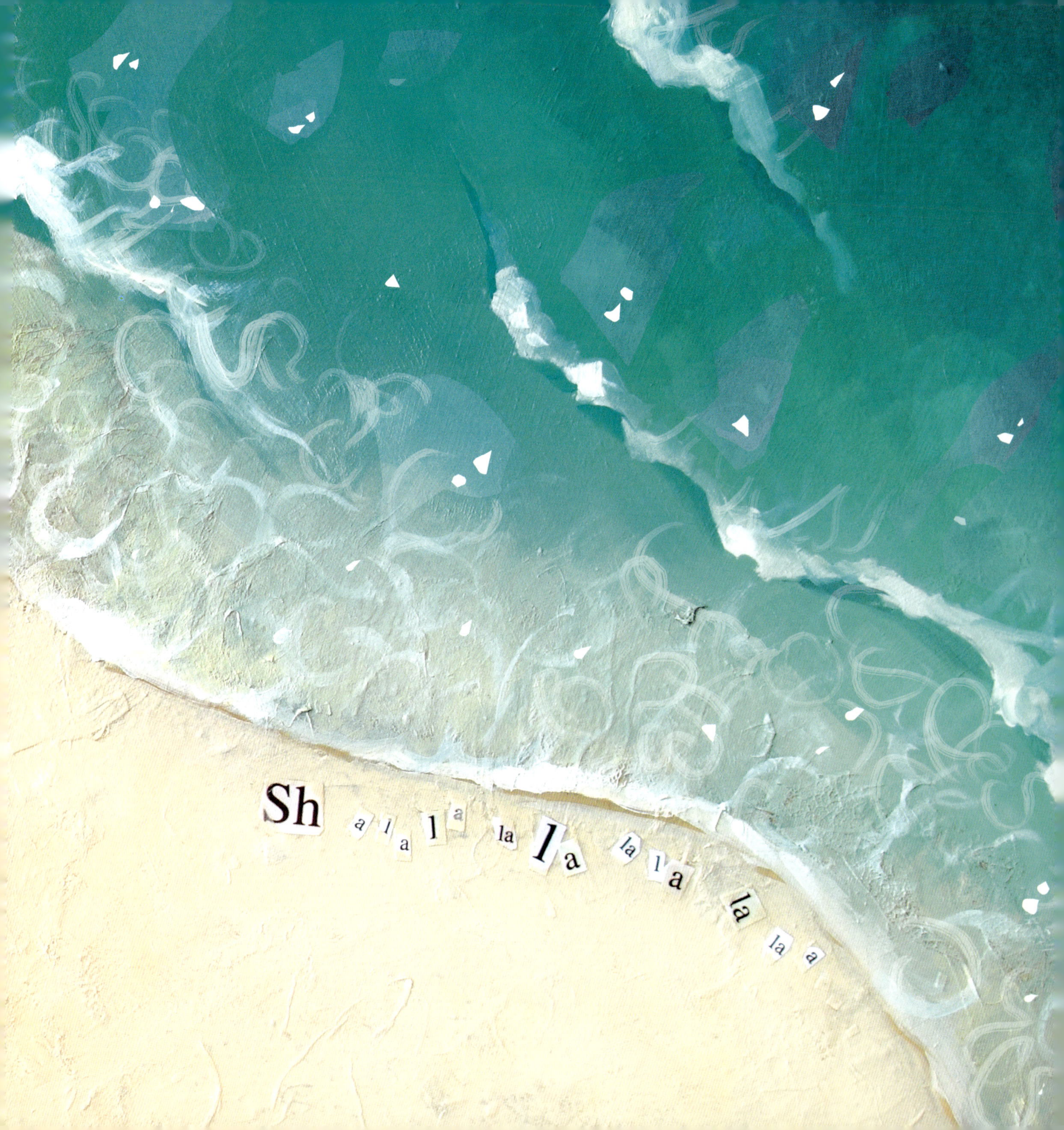
Sh a l a l a la l a la l a la la a

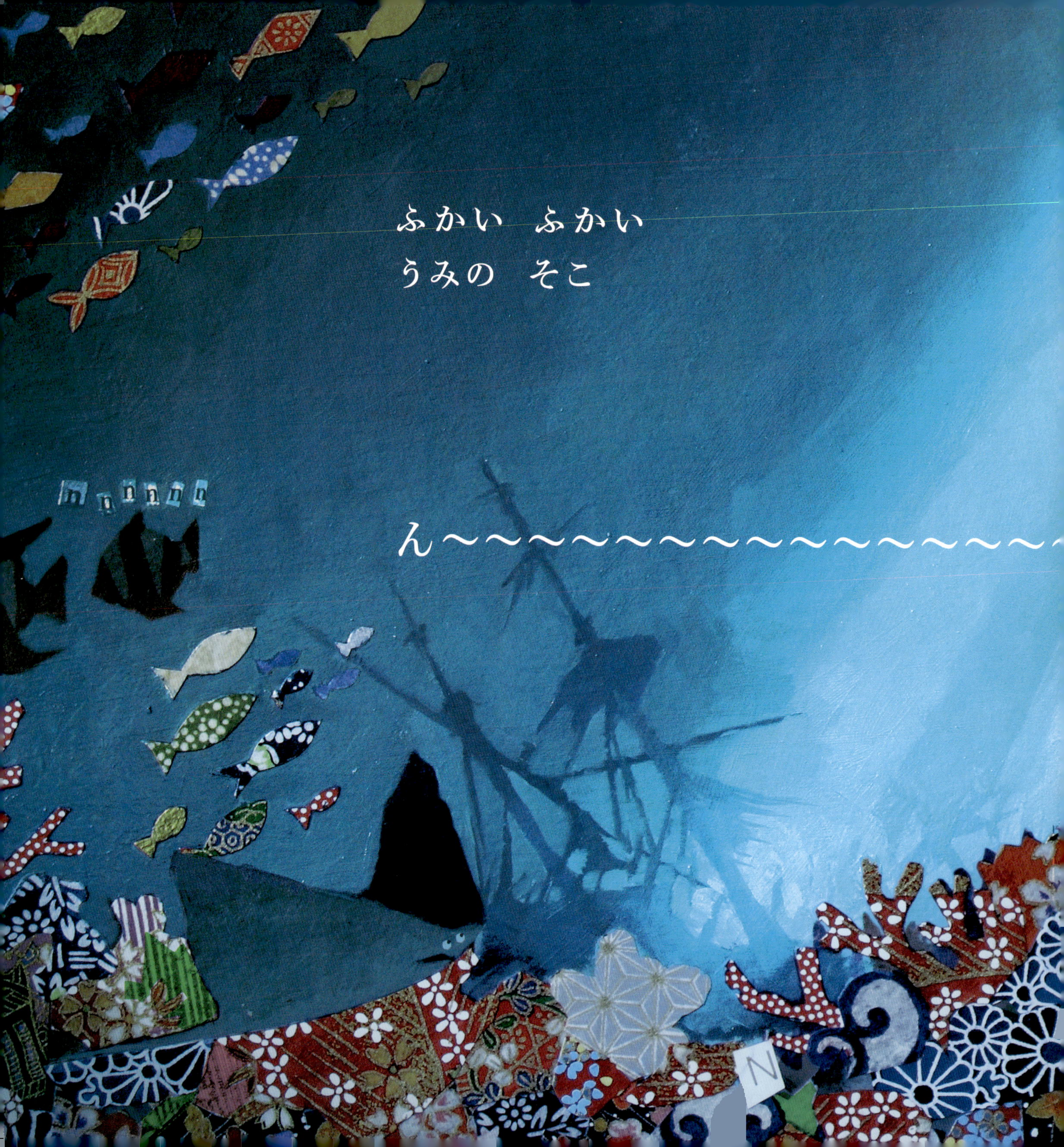

ふかい　ふかい
うみの　そこ

ん〜〜〜〜〜〜〜〜〜〜〜〜〜〜〜〜〜

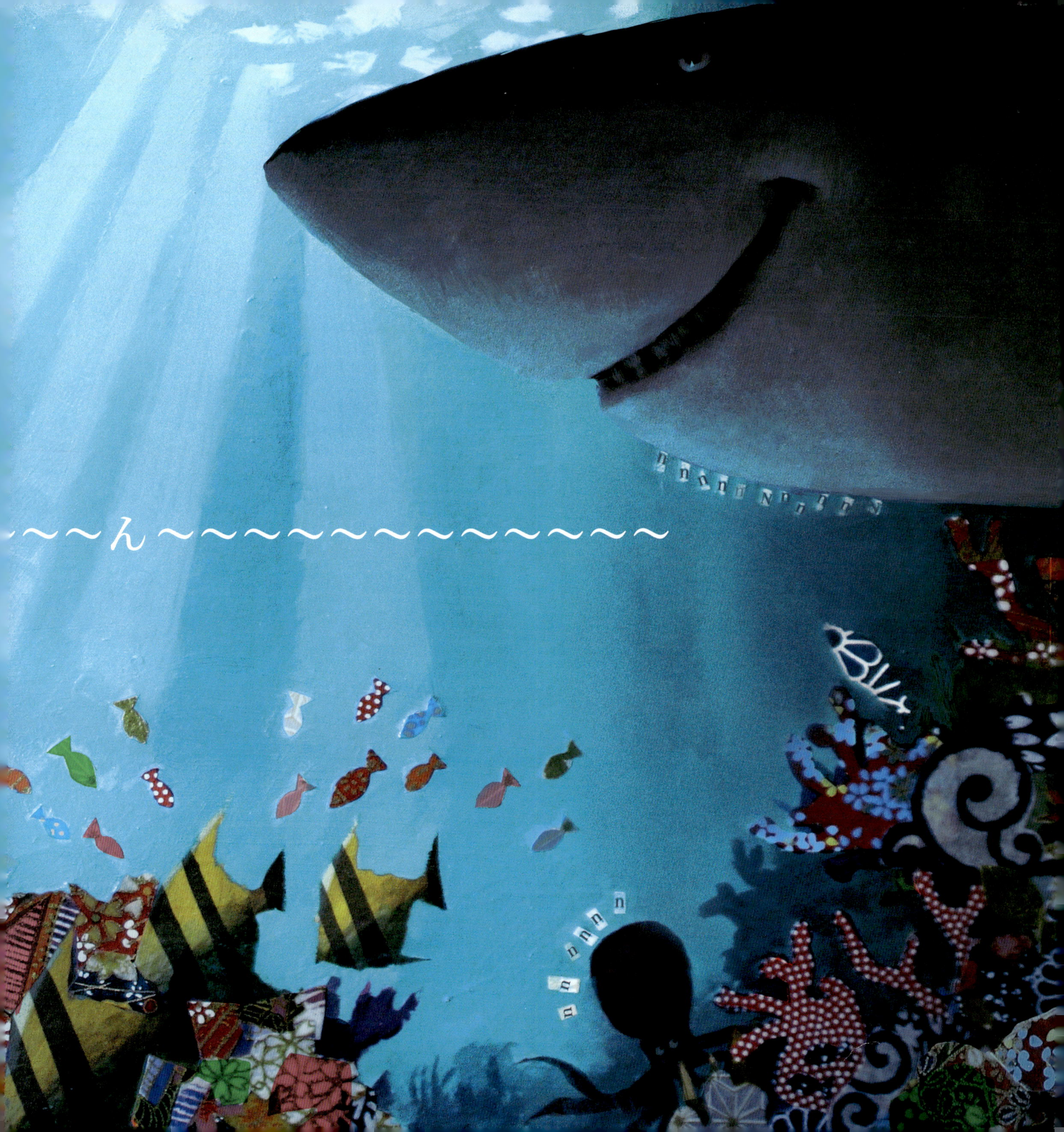

〜〜ん〜〜〜〜〜〜〜〜〜〜〜〜

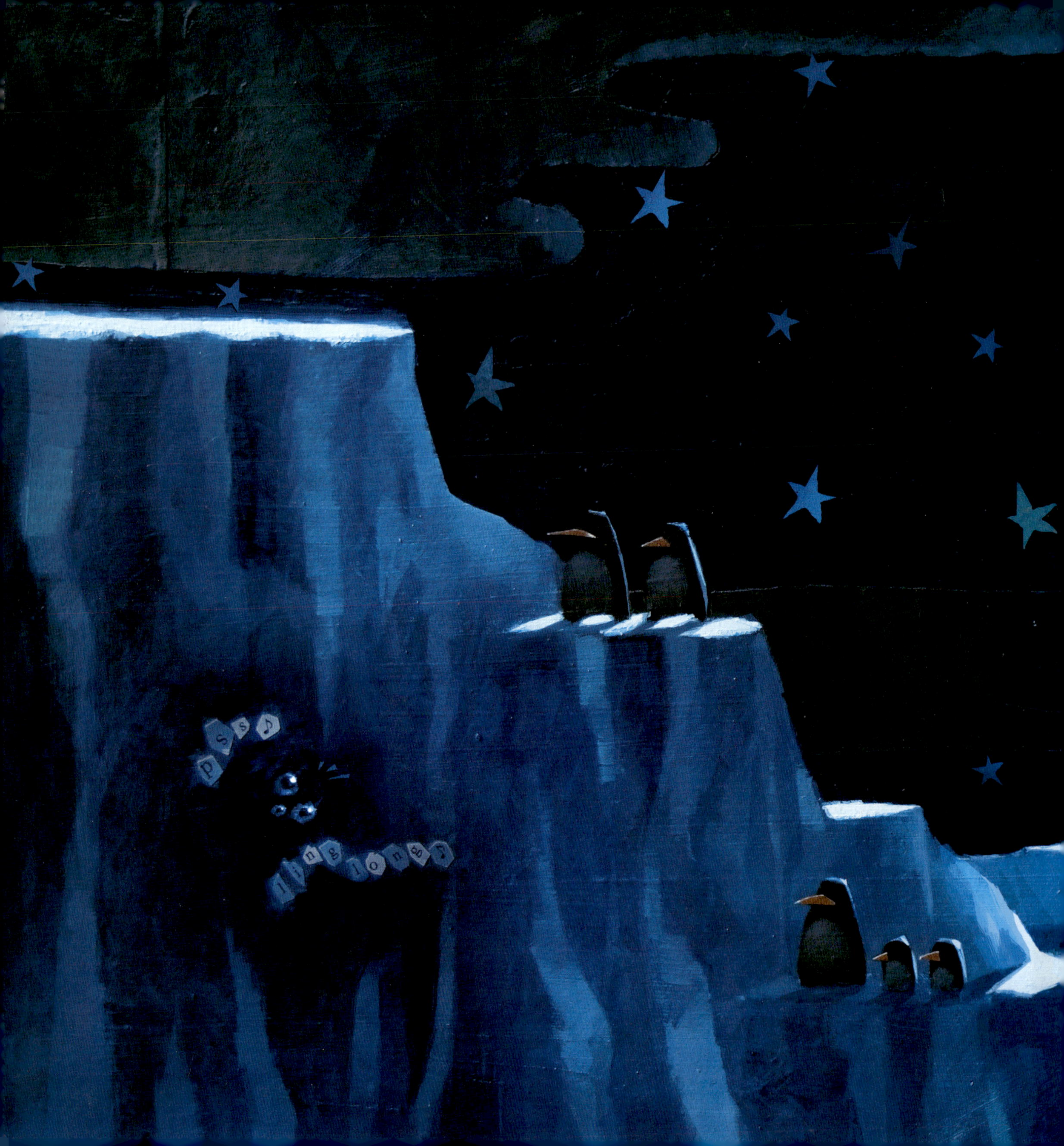
pss♪
linglong♪

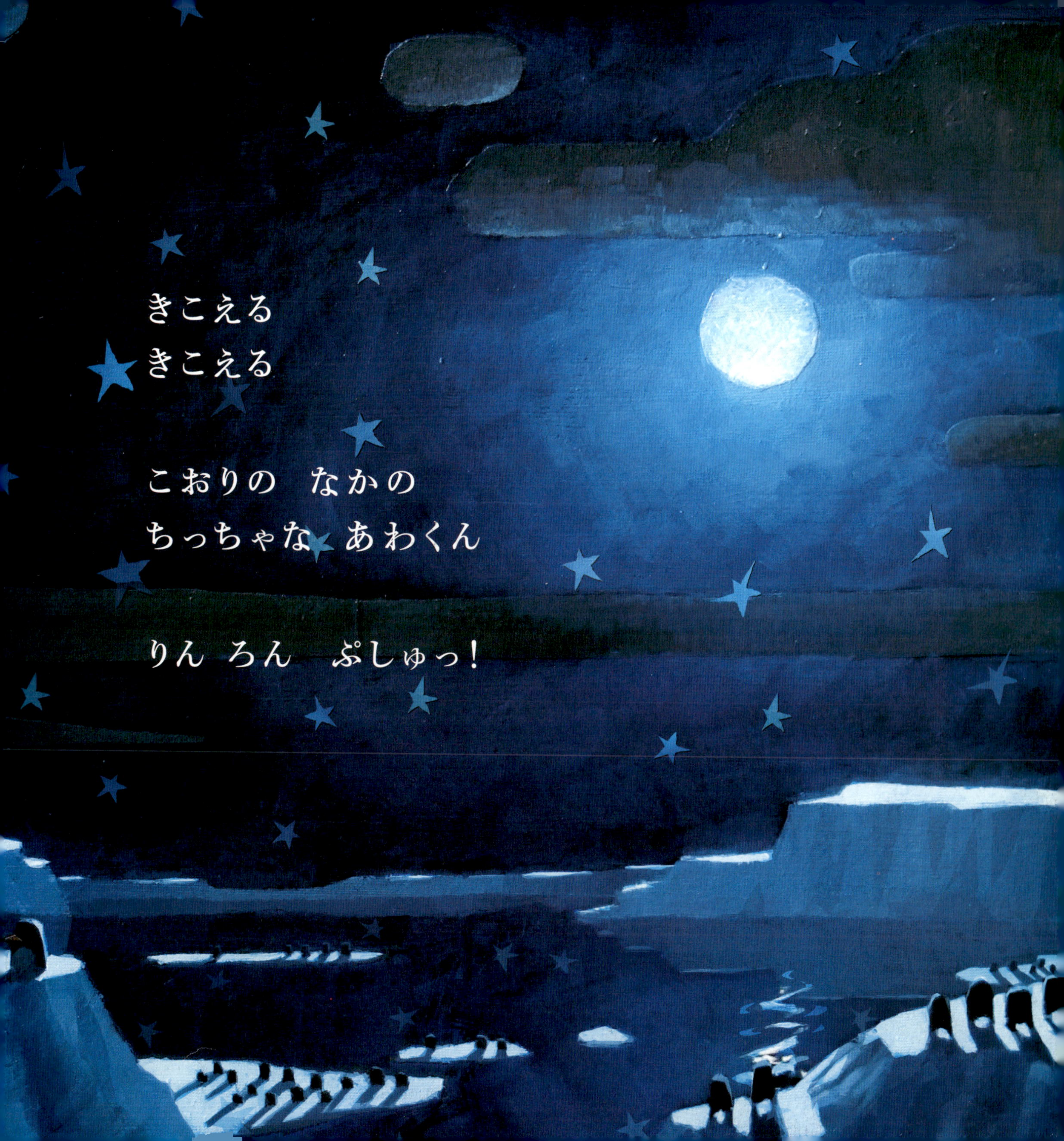

きこえる
きこえる

こおりの　なかの
ちっちゃな　あわくん

りん ろん　ぷしゅっ！

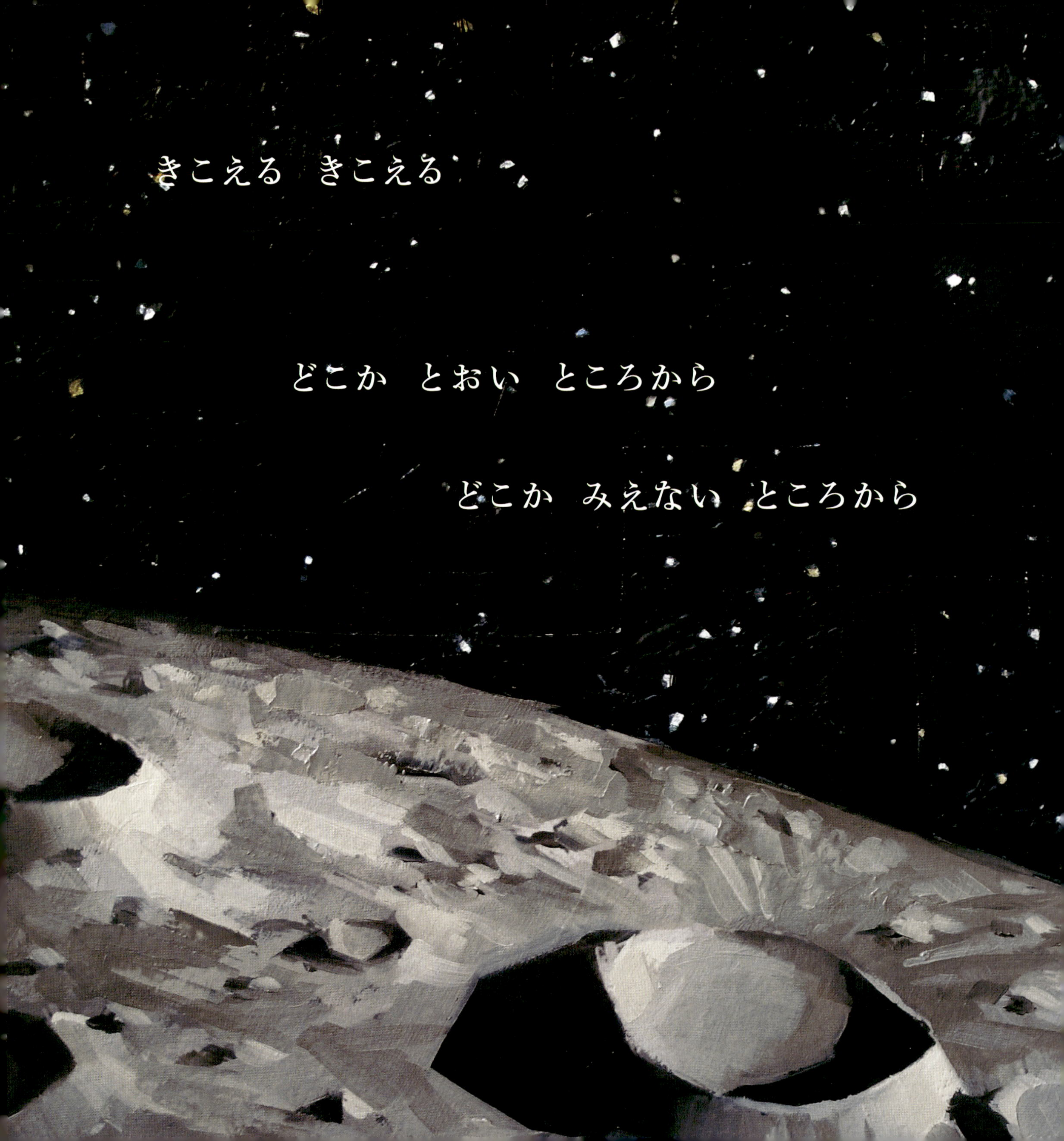

きこえる　きこえる

どこか　とおい　ところから

どこか　みえない　ところから

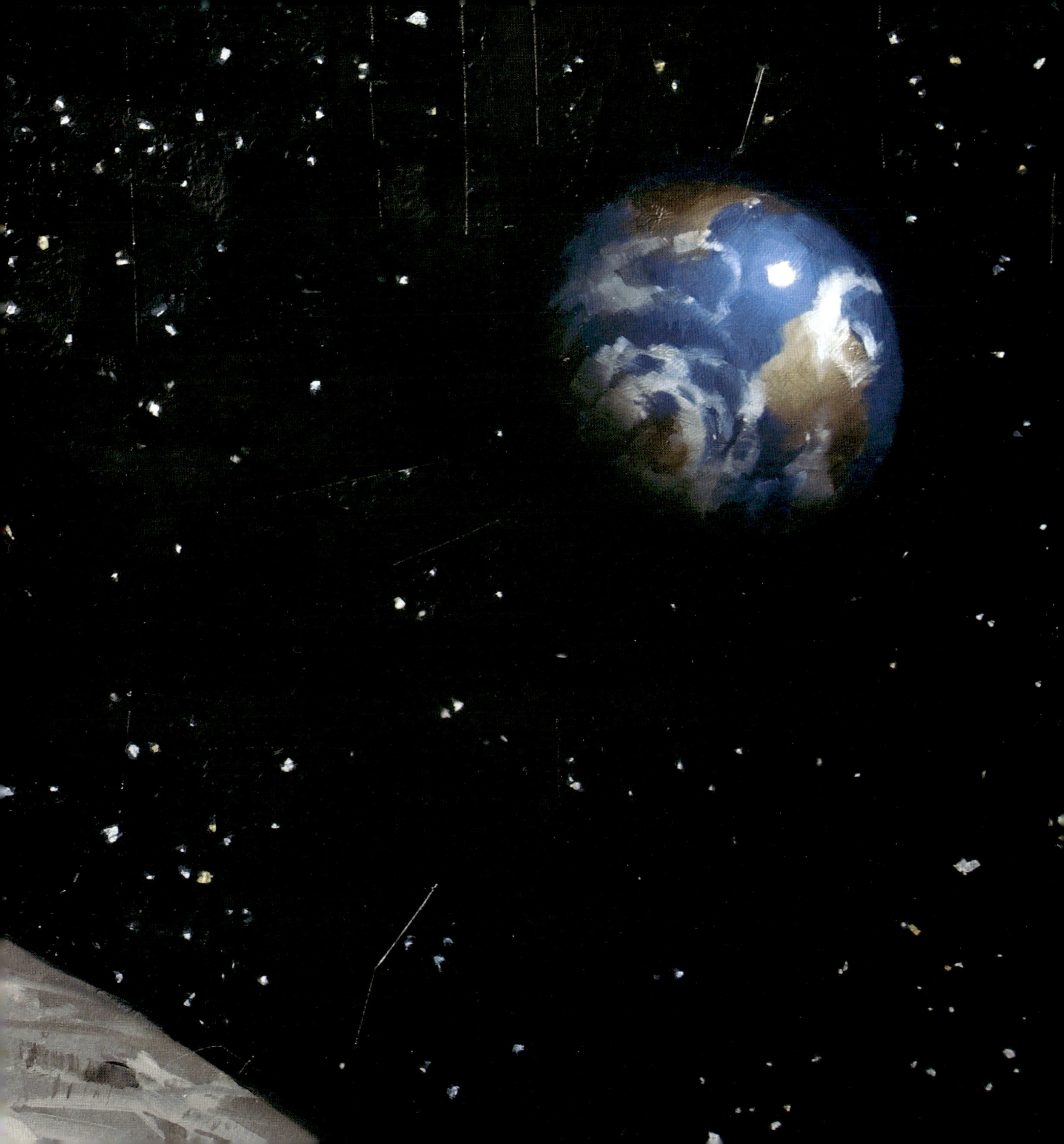

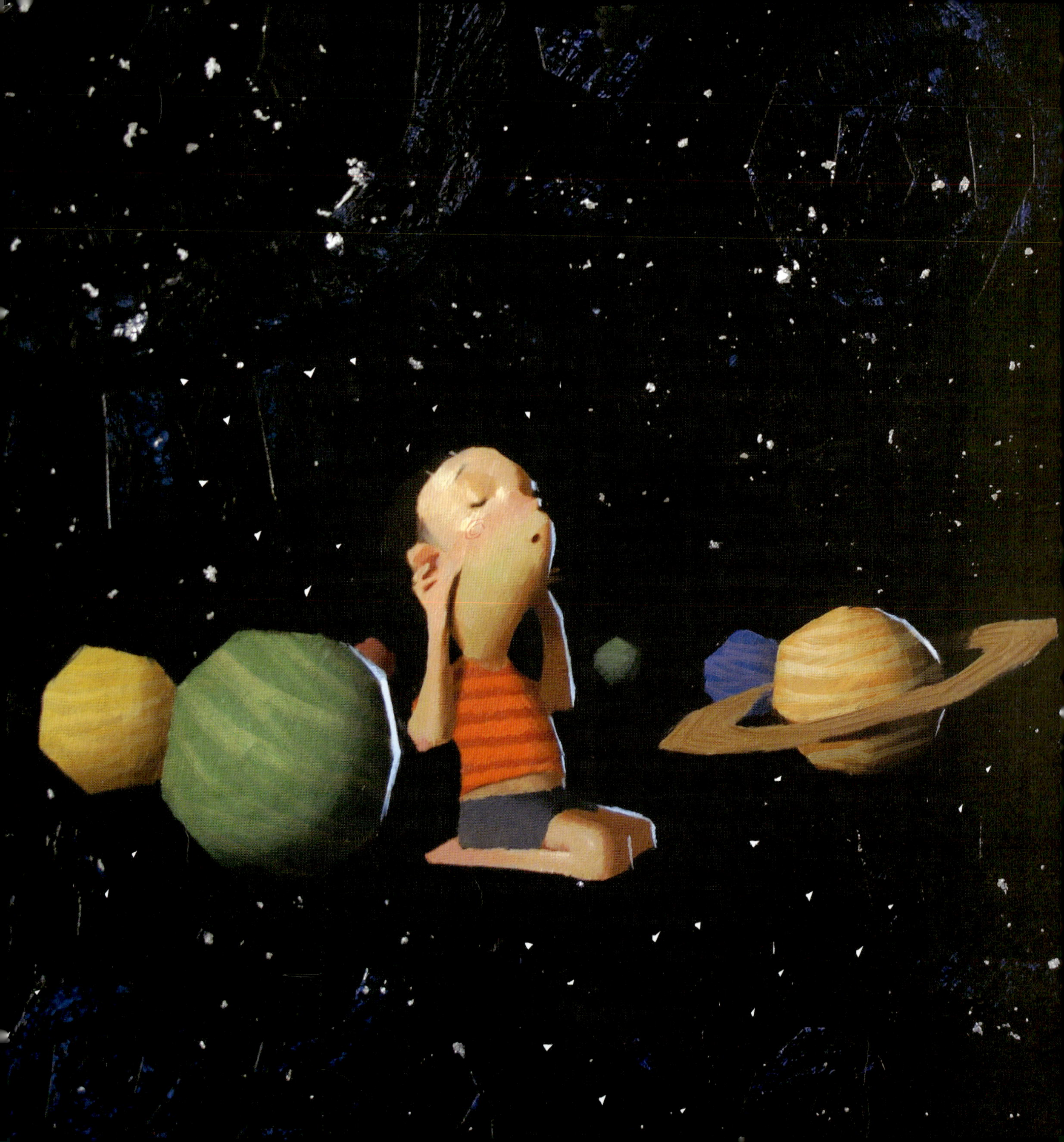

しずかに　しずかに

しずかに　しずかに

めを　とじて

みみを　すまして

あ！

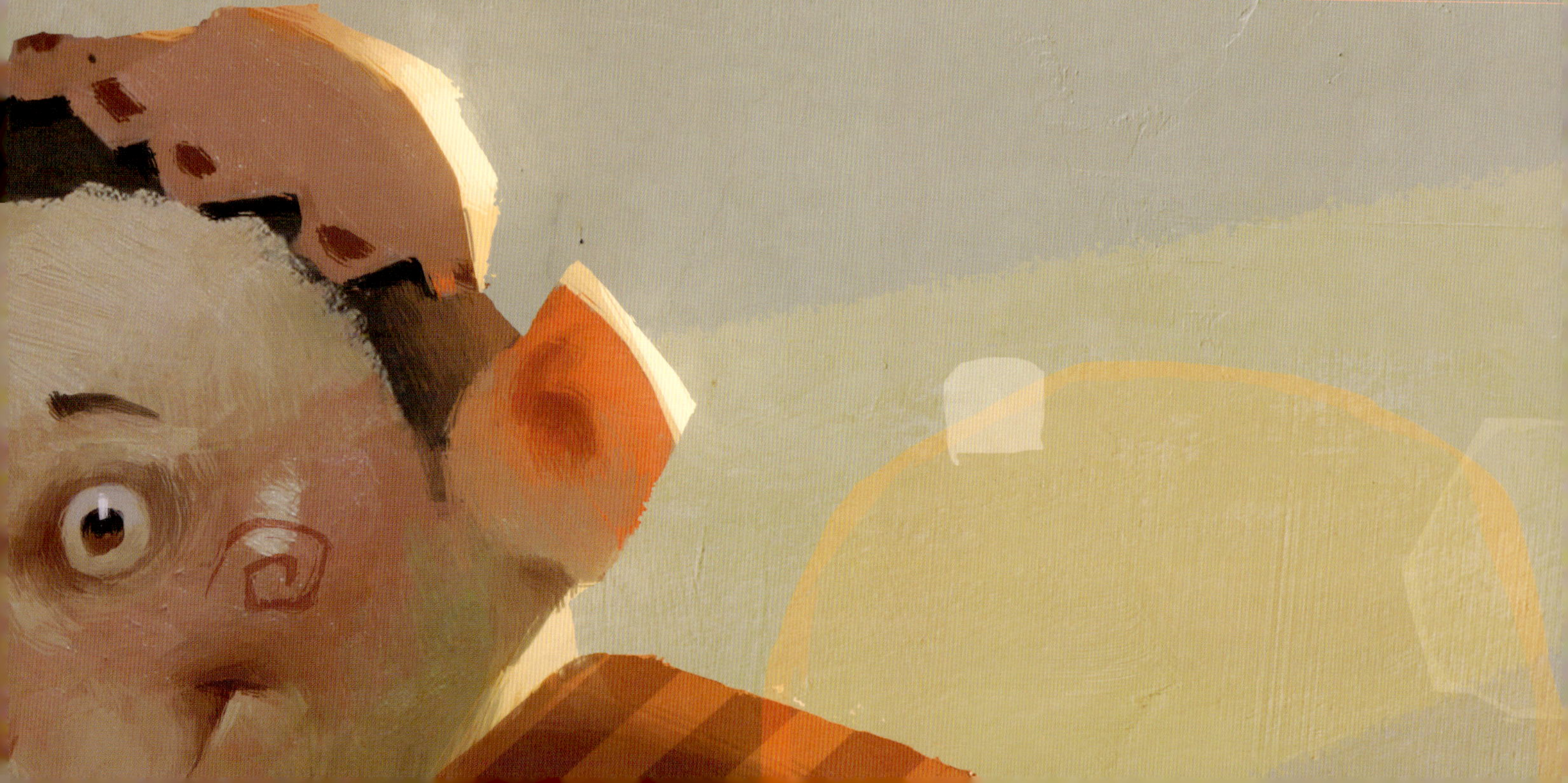

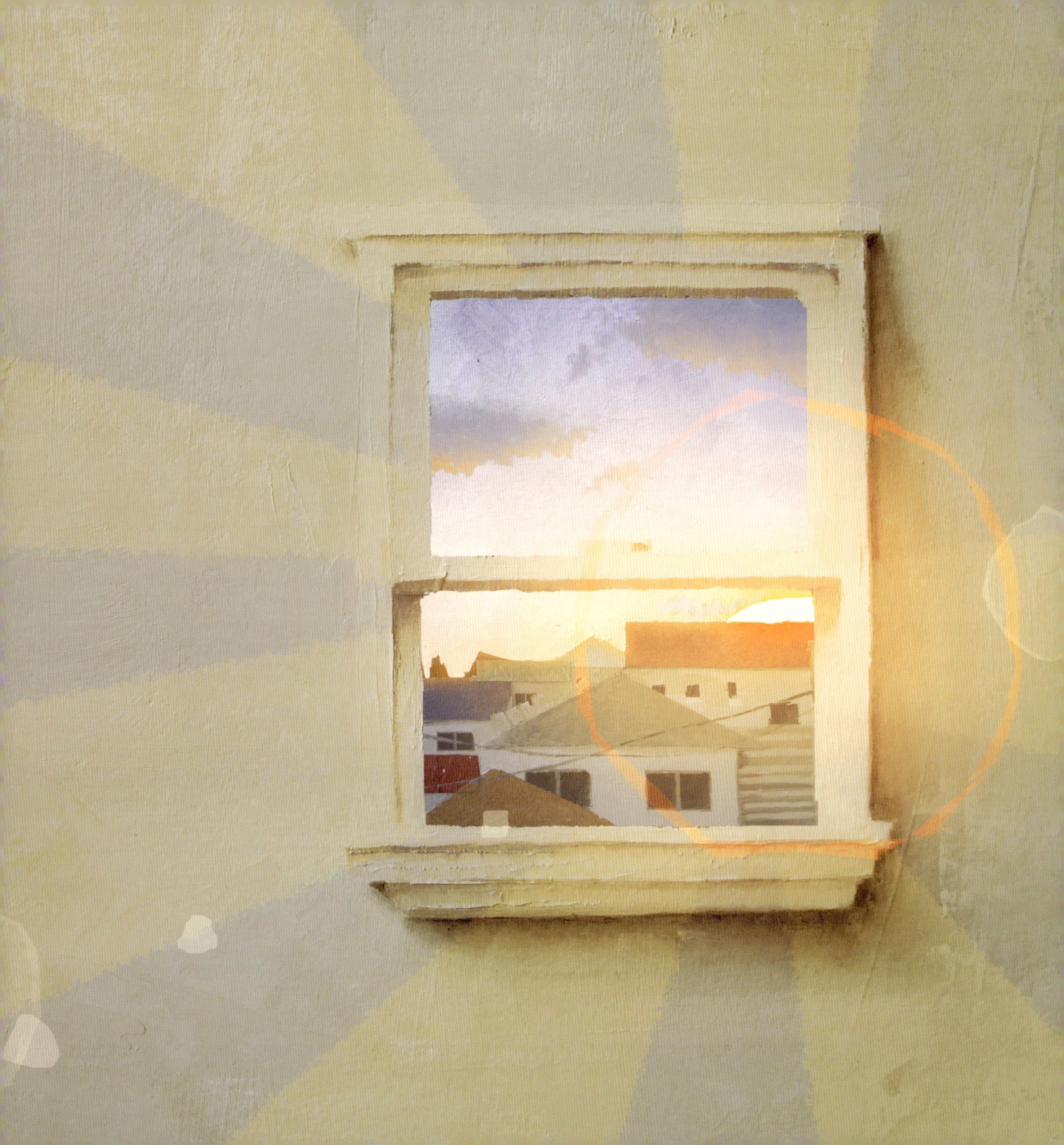

きこえたよ
きこえたよ

ちっちゃな　こえが
きこえたよ

ぼくの　なまえを　よんでいる
ちっちゃな　こえが　きこえたよ

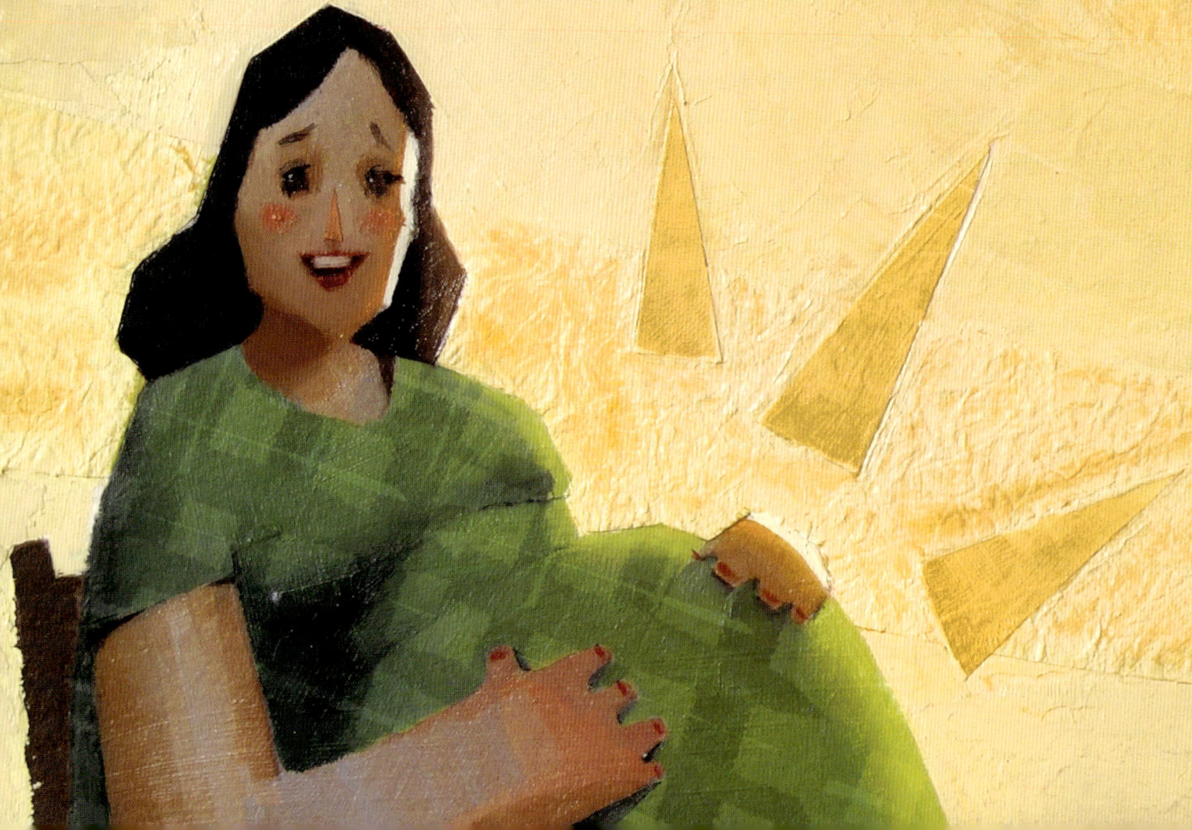

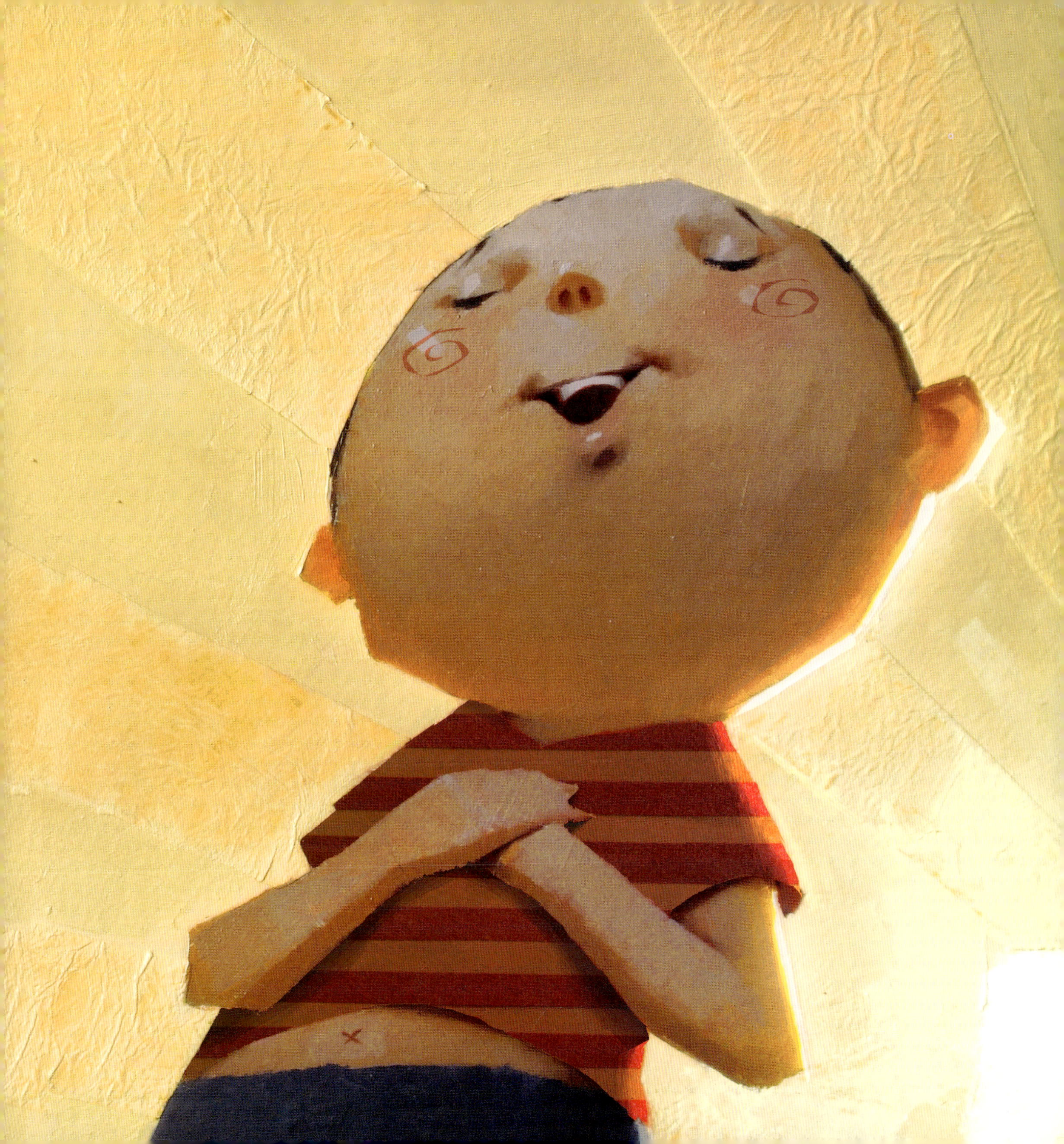

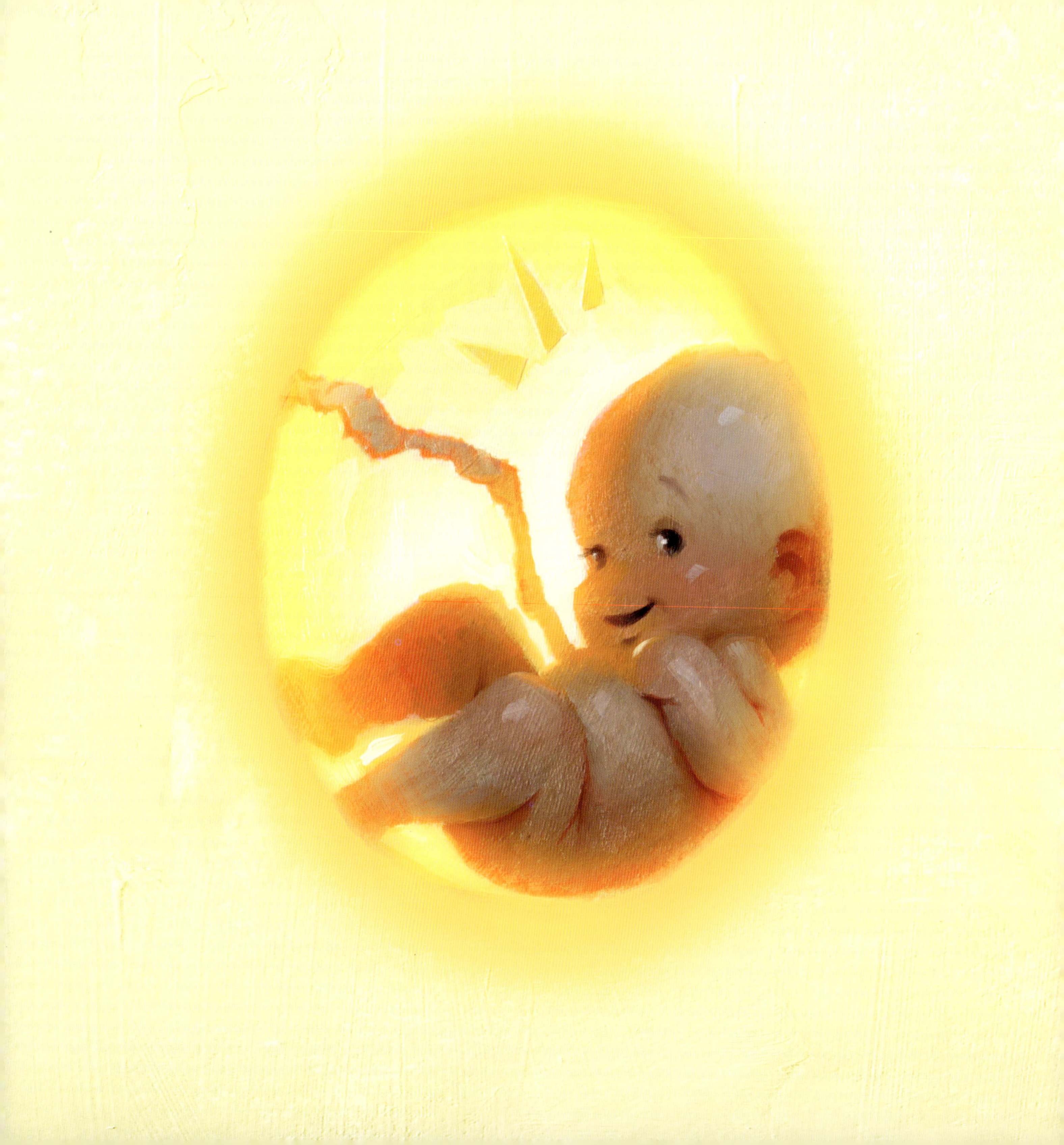

あ、きこえたよ

PHPにここにこえほん

文：堤 江実 つつみ・えみ

詩人。立教大学英米文学科卒業後、文化放送のアナウンサーを経て、詩、翻訳、エッセイ、絵本などの著作のほか、自作の詩の朗読コンサートで活躍中。著書に『ことば美人になりたいあなたへ』（清流出版）など、翻訳に『ゆるしの法則』（サンマーク出版）、『生かされて。』（PHP研究所）など、詩集に『ミラクル』（たま出版）、『世界中の息子たちへ』（ポプラ社）など、絵本に『水のミーシャ』『森のフォーレ』（清流出版）など、CDに「堤江実のポエムガーデン」「ありがとう」がある。世界一周クルーズ船「飛鳥II」詩の朗読教室講師。http://homepage3.nifty.com/emitsutsumi/

絵：堤 大介 つつみ・だいすけ

イラストレーター。ニューヨークのスクールオブビジュアルアーツで油絵を学んだ後、1998年にルーカスラーニング入社。2000年からNYブルースカイスタジオに転職し、CG映画「アイスエイジ」などのコンセプトデザインを手がける。2007年にピクサーアニメーションスタジオに招聘され、現在アートディレクターとして活躍中。フリーのイラストレーターとしても活動しており、自らプロデュースしたコミックアンソロジー「Out of Picture」で短編漫画を2作発表している。http://www.simplestroke.com

2009年8月24日 第1版第1刷発行
2010年8月13日 第1版第2刷発行

堤 江実・堤 大介
あ、きこえたよ
PHP研究所 2009
<32>P 24cm
（PHPにここにこえほん）
913

発行者／安藤 卓　発行所／株式会社PHP研究所

東京本部 〒102-8331 千代田区一番町21番地　児童書出版部 ☎03-3239-6255（編集）　普及一部 ☎03-3239-6233（販売）

京都本部 〒601-8411 京都市南区西九条北ノ内町11　PHP INTERFACE http://www.php.co.jp/

ブックデザイン／こやまたかこ　印刷所・製本所／図書印刷株式会社

ISBN978-4-569-68976-0